AF502788
Ld⁴
3840

MANIFESTE

DU PAPE,

A TOUTES LES PUISSANCES CATHOLIQUES,

Pour former une croisade contre la France.

MANIFESTE DU PAPE,

A TOUTES LES PUISSANCES CATHOLIQUES;

Pour former une croisade contre la France.

A NOS TRÈS-CHERS FILS, ET PAR NOTRE AVEU, ET LA TOUTE PUISSANCE DIVINE, TRÈS-HONORÉS SOUVERAINS, ET ROIS TRÈS-CHRÉTIENS ENFANS DE L'EGLISE, etc.

Moi, par la grace de Dieu, et la confirmation du S. Esprit, très-élevé Prince de l'Eglise, souverain Pontife, successeur de S. Pierre; moi, et mes chers disciples, très-honorés et très-révérendissimes Cardinaux, avons reçu le pouvoir suprême de la part Jésus-Christ, de lier et de délier toutes les actions des hommes. Si élevés tiennement dans les voies du salut. Quoi ! moi, le chef de l'Eglise, devant qui tout jadis trembloit, lorsque je menaçois de mes foudres, je me laisserois accabler par les vilains Gaulois, à qui j'accordois autrefois quelques indulgences plénières, moyennant force annates, deniers de S. Pierre, et sur-tout des dispenses perpétuelles qui aidoient à garnir mon office, et mes réserves : non, je ne le puis, ni ne le dois; endurer tant d'affronts ! Eh ! vous, mes très-chers fils, vous ne devez pas souffrir que l'on opprime ainsi votre très-affligé père, inconsolable de ne pouvoir rendre la liberté à son fils aîné, votre malheureux frère, jadis par la grace de Dieu, et ma sainte volonté, Prince très-chrétien, Roi de France et de Navarre; maintenant, par la grace de la Philosophie, de la lumière divine de la presse, premier bourgeois de Paris, grand fonctionnaire public, exécuteur en second du pouvoir exécutif et de la loi constitutionnelle, chef-d'œuvre de la révolution diabolique, opérée par la toute puissance Divine de six cents têtes de reprouvés, que je vous marquerai pour exterminer au jour de la vengeance, lorsque vous déployerez vos étendards, où sont retracés en signes honorables, les hauts faits de vos illustres aïeux, ces braves spadassins, qui s'enrôlèrent avec ces crédules Barons François, qui nous seront toujous fidèles et qui font maintenant rechercher avec soin tous les signes distinctifs des promesses de leurs ancêtres; ces vaillans et redoutables chevaliers, qui se signalèrent toujours dans toutes les croïsades, que le bienheureux S. Bernard et le grand Charles Boromée ont prêchées avec tant de zèle et de succès. Oui, mes très-honorés fils, je vous envoie mes disciples, très-illustres et très-révérendissimes Cardinaux, pour qu'ils prêchent par-tout ou besoin sera dans la Chrétienté, avec mon aveu, plein pouvoir et autorité Divine, selon mes volontés et bon plaisir, pour l'honneur de la Sainte Eglise Catholique, Apostolique et Romaine, qui est en danger de s'anéantir pour jamais, si vous ne m'aidez à terrasser ces géans redoutables que l'audace des François fait naître tous les jours. Je vous ordonne donc sous peine d'excommunication éternelle, de faire prêcher et ordonner, d'après les saints et salutaires avis de mes condisciples, des croisades, pour marcher contre la France hérétique, qui infecteroit bientôt toutes vos puissances de son dangereux poison, si vous ne vous liguez pas ensemble comme de bons et très-obéissans fils, qui doivent en esprit et en vérité, venger leur malheureux frère Roi de France, et leur infortuné père, qui gémit du péril affreux qui menace tous les enfans chéris, s'ils ne se liguent pas ensemble pour venger la cause des Rois, le soutien de la religion, le bonheur et la fortune de la sainte famille, des très-hauts et très-grands Potentats des royaumes Chrétiens, soumis à nos désirs et pieuses volontés.

Non, chers Princes, vous ne vous refuserez pas aux ordres du Ciel, qui vous sont interprêtés par ma voix; d'ailleurs vous sentez comme moi combien il est urgent d'arrêter les progrès rapides des François fougueux. Ah ! mes amis, qu'ils sont changés ! *O altitudo sapientiæ* ! Ce ne sont plus ces hommes aveugles et crédules, comme ceux que mes prédécesseurs faisoient trembler à la moindre apparence d'irréligion, qui se soumettoient avec une aveugle obéissance à leurs ordres redoutables. Ils leur faisoient faire pénitence, ils les condamnoient à venir se prosterner devant notre Sainteté Papale, et de faire le voyage de France à notre sacré palais, les pieds nuds, en robe, les cheveux épars, une torche à la main, la corde au col, et dans cet état d'humilité chrétienne, ils daignoient quelquefois les absoudre, et sur-tout si ces malheureux réfractaires, après leur amende honorable, offroient force aumônes. Mais tout a bien changé.

Cet heureux temps n'est plus : le Sénat de la France
Éteint, presque en mes mains, les foudres que je lance.

Ce n'est donc plus de la douceur qu'il faut. Mais il faut vous armer ; mes enfans, pour me revancher des traitemens ignominieux que cet hérétique de sénat m'a fait endurer depuis ce jour à jamais mémorable pour ma cuisine, où l'assemblée impie a sup rimé les annates et dispenses, que je ne pourrois jamais recouvrer dans vous, si vous aviez la cruauté barbare de m'abandonner dans ce péril extrême, prenez-y garde , vous encourriez toute ma haine ; je ferois fondre sur vos têtes toutes les foudres du Vatican. Je vous ordonne donc pour ma défense et votre pénitence personnelle, de laisser prêcher les croisades dans toutes vos villes, bourgs et bourgades, villages et hameaux, principalement dans vos capitales et à votre cour; donnez-vous-mêmes l'exemple à vos fidèles sujets; faites déployer vos bannières royales, vos étendards; levez des impôts considérables, pour soutenir cette sainte et pieuse entreprise qui vous conduira infailliblement à l'éternité, si vous vous armez d'une sainte ferveur ; ordonnez à vos Barons, à vos Chevaliers, Marquis, Comtes, Ducs et pairs de vos royaumes, de faire marcher sous vos bannières tous les vilains qu'ils commandent ; qu'ils forcent leurs vassaux à les suivre pour cette sainte expédition.

Je vous recommande en père éclairé de confier la garde de vos aimables compagnes, à mes humbles et très-modestes Religieux, sur-tout aux prudens Bénédictins, attachés aux bons repas, aimant mieux le bon vin, qu'à faire la cour aux dames. Vous pouvez remettre vos demoiselles aux Génovéfins, aux damoiseaux Bernardins, aux élégans Chanoines réguliers ; je vous assure qu'ils vous les formeront bien, elles deviendront inconnoissables entre leurs mains. Pour ce qui concerne la garde de vos donjons, de vos archives et baronies, prenez les Prémontrés, ils connoissent à merveille l'art difficile de régir un bien en toute propriété et conscience. Tout se faisant ainsi, vous satisferez entièrement aux décrets de l'Eternel, aux bons plaisirs de votre pèie Souverain Pontife, Gouverneur de l'Eglise militante, triomphante, qui vous fera placer selon vos œuvres, dans le séjour de la béatitude, le partage des enfans soumis et obéissans è la Sainte Mère-Eglise.

Vous reconnoîtrez pour les plus zélés croisés, les Cardinaux de Rohan, de Montmorency, les illustres Abbés Maury, Royou, et tous les Saints et Archevêques, Evêques, et tous les Abbés commendataires, déposés indignement par les six cents; réduits presqu'à la besace par l'injusce et affreuse suppression de leurs bénéfices, accordés selon la volonté de Dieu, à tous ses enfans chéris, pour récompense terrestre du sang répandu aux premières croisades, sous S. Louis, très-digne Roi des François de glorieuse mémoire. Vous voyez, par ce manifeste, mes très-chers fils, que je ne veux rien que de juste, et selon la toute jouissance divine dont je suis et serai toujours l'organe saint.

Hatez-vous donc de vous armer, de vous rassembler à ma voix, venez vous ranger sous l'étendard sacré que je vais vous envoyer, à la tête de mes révérendissimes Cardinaux, et des vingt mille Vierges qui accompagneront quarante mille Prêtres tant réfugiés François que des Moines que je nourris avec vos aumônes ; vous vous rendrez à Avignon, et dans les environs du Comtat ; c'est là où vous ferez votre serment de ne jamais reposer les armes, tant que les François ne se rendront pas à mes justes demandes.

Peuples Catholiques ! généreux enfans de l'Eglise, reprenez votre énergie qui vous fit répandre le sang à ma voix, selon que je vous le commandois. Ranimez votre courage, qui vous fit courir jadis en Palestine, égorger 10,000,000 d'infidèles qui n'ont jamais voulu me reconnoître ; allez receuillir ces palmes du martyr qui se d esséchent et se flétrissent par votre engourdissement. Croyez-moi, il est tems de porter les derniers coups à vos vieilles erreurs ; que le règne heureux du fanatisme commence, qui malheureusement pour nous a trop long-temps été étouffé dans notre cœur, par ces préjugés ridicules de la philosophie moderne, et de toutes les absurdes rêveries, chef-d'œuvre de l'orgueil de l'esprit humain, outrageant à la fois la nature, la religion, et tous les saints Papes. Non, très-saints Fidèles, la religion sainte comme le Dieu qui l'a dictée, ne consiste pas seulement dans de sublimes raisonnemens d'esprit, ni dans toutes ces vaines et ridicules grimaces inventées par la ruse et l'ambition, suggérées adroitement par l'impie Voltaire, et J. J. Rousseau, monstres abominables, vomis dans la colère, pour faire le malheur des peuples. La religion consiste dans l'équité que nous pratiquons, que ces damnés esprits forts n'ont jamais connue, dans la justice, qu'ils n'ont jamais pratiquée, dans l'amour pour la patrie dont ils veulent et souhaitent la ruine entière ; voilà, voilà, mes chers amis, la harpie féroce qu'il vous faut terrasser, et en purger s'il se peut vos malheureux climats ; détruisons cette vermine qui nous suce le sang, qui nous ronge jusqu'à la moele des os . . . Partons, armons-nous des foudres redoutables mises dans nos mains pour expulser les perturbateurs du repos public ; que l'auguste vérité brille dans tout son éclat, qu'elle porte des rayons lumineux sur toutes les turpitudes, les cabales, les crimes épouvantables de ces soit-disant législateurs ; ouvrons sur leurs pas l'abyme redoutable où ils veulent nous précipiter ; prévenons leur audace, ne laissons pas achever les complots diaboliques qu'ils trament contre nous ; l'orage se forme, les nuages obscurcissent trop notre heureuse tranquillité. Marchons, la trompette sonne, nous appelle à vaincre ou mourir, pour rentrer dans l'héritage qu'ont possédé nos pères et mes illustres prédécesseurs de glorieuse mémoire. Je vous attends, dans un mois, au rendez-vous général, pour bénir vos armes, les sanctifier, au nom du Père et du Fils et du Saint-Esprit. Ainsi soit-il.

LE SOUVERAIN PONTIFE DE L'EGLISE, *Roi des Rois.*

www.ingramcontent.com/pod-product-compliance
Ingram Content Group UK Ltd.
Pitfield, Milton Keynes, MK11 3LW, UK
UKHW020959230726
13924UKWH00009B/138

9 782019 986100